T0069115

Las hormigas de oro
Ants of Gold

Las hormigas de oro
Ants of Gold

Poemas
Eduardo Urios-Aparisi

Translated by Eric Rosenberg

BLACK SWAN PRESS
EL CISNE NEGRO EDICIONES
CHICAGO

Published by Black Swan Press
El Cisne Negro Ediciones

Printed in the United States of America

Cover and text images from:
The Golden Game: Alchemical Engravings of the Seventeenth Century
by Stanislas Klossowski de Rola
© 1988 Thames & Hudson, Ltd.
Reprinted by permission of Thames & Hudson

ISBN 0-9678808-1-5

Library of Congress Number: 00-100551

First Edition

Black Swan Press
P. O. Box 408790
Chicago, IL 60640-8790
bswanpress@aol.com

A mis padres, Cristina y Eduardo
del mar, la sal y la palabra

To my parents, Cristina and Eduardo
from the sea, the salt and the word

Agradecimientos

Este libro se ha enriquecido del amor y el dolor de personas queridas, ausentes y presentes. Es testimonio de un viaje de un continente a otro, de un yo que se ha ido quedando en el camino. Quiero agradecer a todos ellos, tantos amores y amistades, su presencia y su inspiración en las líneas de cada página.

Especialmente me gustaría mencionar el trabajo y la determinación de O.Maciel y D.Rade. Gracias a ellos se ha podido llevar a cabo esta publicación.

Acknowledgements

This book has been enriched by the love of esteemed persons, absent and present. It is testimony of travel from one continent to another, of a self that has been left along the road. I want to thank all of them, so many loves and friendships, your presence and inspiration in the lines of each page.

Especially I would like to mention the work and determination of O. Maciel and D. Rade. Thanks to them, it has been possible to move forward this publication.

Contents

La casa de fuego   I

De paso por Red River Road   2
     Precio de frontera   4
     Cerámica   6

Personajes en Guadalupe Street   8
     El sueño americano   10
     Extramuros   12

La hierba. Estampas de Zilker   14
     Pastorela pre-rafaelita   16
     Festival impresionista   18
     Mural de la extremaunción   20

La casa de fuego   22
     Última parada en Enfield Road   24
     Venecianas   26

Las dos costas en un puño. Bosnia en guerra civil   28
     El balcón del pueblo   30
     El fútbol en guerra   32

De la mano de la tierra   34
     Vals en la glorieta   36
     Sardana   38
     La mar en cortejo   40

Contents

The House of Fire   I

Passing through Red River Road   3
    Border Price   5
    Ceramic   7
Characters on Guadalupe Street   9
    The American Dream   11
    Outside the City Walls   13
The Grass. Etchings of Zilker Park   15
    Pre-Rafaelite Pastoral   17
    Impressionist Festival   19
    Mural of the Extreme Unction   21
The House of Fire   23
    Last Stop on Enfield Road   25
    Venetian Blinds   27
The Two Coasts in One Fist. Bosnia in Civil War   29
    The Town Balcony   31
    Soccer in War   33
From the Hand of the Ground   35
    Waltz in the Bower   37
    Sardana   39
    The Sea in Mourning   41

Alquimia de Eva   43

alquimia de eva (bolero)   44
arte de amar   46
la fiebre de tus besos
    1 inmenso   52
    2 estridentes   54
    3 la fiebre   56
    4 re-conquista   58
vivir sin-taxis
    sujeto   60
    sin-taxis   62
    sin fuego   64
    monólogo   66
    constancia   68
y al decir de las cosas   70
extraña dialéctica   80
cuando la amada se convierte en río   84
el muy pez   86
Flor de harina   88
la lluvia de oro   90
esfinge   94
el sexo del pavo real   96
oficio de poeta. fábula de narciso y eco   100

Alchemy of Eve   43

alchemy of eve (bolero)   45
art of love   47
the fever of your kisses
    1 immense   53
    2 stridents   55
    3 the fever   57
    4 re-conquest   59
to live syn-taxis
    subject   61
    syn-taxis   63
    without fire   65
    monologue   67
    constancy   69
and at the saying of the things   71
strange dialectic   81
when the beloved converts into river   85
the very fish   87
Flour of flour   89
the rain of gold   91
sphinx   95
the sex of the peacocks   97
the profession of poet. fable of narcissus and echo 101

La casa de fuego

Austin, Texas

Julio–Agosto, 1993

The House of Fire

Austin, Texas

July–August, 1993

De paso por Red River Road

Passing through Red River Road

Precio de frontera

Van de luto y de pobres cuando el sol plancha los corredores de carros. Los caminos están arrozados de escamas. Pantanos polutos, sotanas del mediodía. Su derivar es rancio, su rostro velado y su precio de frontera. Sí, cada persona es una frontera, pero aquí más aún, cada paso es agredir peldaños, incubar perlas en la luz y guardarlas en el pecho de un hilo. Van de luto y de sueldo respirando el aire acondicionado de la pesadumbre. Los remos bajos, la marea inmóvil, la pared agita la barca sin timón. Puede abordar el muelle, pero cuando el amo hinca el ancla, la mano no maneja la rueda.

Border Price

They go in mourning and in poverty when the sun irons out the
lines of cars. The paths are iced in scales. Stained reservoirs, vest-
ments of the midday. Their drift is rancid, their face veiled, and
their price is border. Yes, each person is a border, but here even
more, each step is to assault rungs, incubate pearls in the light
and store them in the bosom of a thread. They go in mourning
and on salary breathing the air conditioning of sorrow. The oars
lowered, the tide unmoving, the wall rattles the rudderless boat.
He can board the dock, but when the master digs the anchor, the
hand doesn't steer the wheel.

Cerámica

Aquí te mojas hasta los huesos cuando llueve y cuando no llueve
también. No hay paraguas ni sombras. Vas de luto por la calle a
pleno sol. La conciencia desnuda. Bajar escaleras, calzarte la
mirada de olvido y andar despacio sin volver el rostro, vendido
en calidad de estropajo del asfalto. Seguramente no hace falta
limpiar el baño, los perfiles de la cerámica están blanquísimos y
deslumbran una transparencia solar en su cenit. Un día vendrá la
lluvia que lo limpiará todo y seguramente tendrá olor a inodoro.

Ceramic

You get drenched to the bone here when it rains and when it doesn't rain too. There are no umbrellas and no shade. You go in mourning dress down the street in full sunlight. The naked conscience. Go down stairs, shoe your gaze in forgetfulness and walk slowly without turning your face, sold at the value of a rag on asphalt. Surely it's not necessary to clean the bathroom, the edges of the ceramic are brilliantly white and dazzle with a solar transparency at their zenith. One day the rain will come that will clean it all and surely it will have the smell of toilet.

Personajes en Guadalupe Street

Characters on Guadalupe Street

El sueño americano

Este viento cálido no sabe dónde anidar, los cartílagos de los
árboles resoplan y la torpe muleta del día yace en el suelo, junto
al herido de guerra, con el gesto anhelante y la mano extendida.
¿Es ciego? No, no lleva ojos. Piensa en la sombría plata que le
sirve de pupilas. Todos hemos pasado de largo sin apenas mirar al
suelo, duele sentir el hueco de una rama rota de un cuerpo.
Rebuscas algo que darme: un aliento generoso, un estúpido
losiento. Siempre huraño y olvidadizo no deja de cubrirlo de
oro el viento.

The American Dream

This warm wind doesn't know where to nest, the trees' cartilage blow and the clumsy crutch of the day lies on the ground, together with the wounded in war, with the longing gesture and outstretched hand. Is he blind? No, he wears no eyes. He thinks of the gloomy silver that serves as his pupils. All of us have passed by without even looking at the ground, it hurts to feel the hole of a broken branch of a body. You search for something to give me: a generous breath, a stupid i'msorry. Always shy and forgetful don't stop covering the wind in gold.

Extramuros

Leproso. Ante murallas de puertas: cerradas. Torpes pies en las dunas de la miseria, una sombra arcadia. Me apedrean las miradas al pasar, pero ya no importa. Un gesto, soy aquel que habla con su perro dentro de las aceras sombreadas. "Luego es mejor que me dejen a solas, gracias."

Outside the City Walls

Leper. Facing walls of doors: closed. Clumsy feet in the dunes of misery, a shadow arcadia. The looks stone me as I go by, but it doesn't matter now. A gesture, I am that one who talks to his dog inside the shadowy sidewalks. "Sometimes it's better you leave me alone, thanks."

La hierba
Estampas de Zilker Park

The Grass
Etchings of Zilker Park

Pastorela pre-rafaelita
(Lucas Cranach, el viejo)

El niño pequeño al regazo del árbol y de las piernas con la son-
risa desvelada. Su piel rosada, sus dedos cerrados, sus dos bracitos
alzados a jugar con las abejas doradas. Por la piel de la hierba
grillos y saltamontes musicales y el cortejo de las abejas tan
irisadas destilando cera de canciones. El verde esmeralda del alba
cubre ociosamente el bosque y las perlas tempranas de tu sonrisa.

Pre-Rafaelite Pastoral
(Lucas Cranach, the elder)

The small boy at the lap of the tree and of the legs with the
wakeful smile. His skin pink, his fingers closed, his two little
arms raised to play with the golden bees. On the skin of the
grass musical crickets and grasshoppers and the courtship of the
bees so iridescent exuding wax of songs. The emerald green of
the dawn covers idly the forest and the early pearls of your smile.

Festival impresionista

En el parque la gente se arremolinaba, las esmeraldas y los vestidos violetas, azulados, negros, blancos. El rostro tan sencillo: un trazo y es una sonrisa, un corte y es una lágrima. El vendedor de bebidas arremanga hielo y el de comida unta de granate y oro un bollo. El cuero de la tierra se encoge bajo los cuerpos y los perros orinan en los árboles pequeños ríos de bronce, la muchacha rezuma sus pechos y recoge la rosa un joven y sus labios pican el beso. En la plaza la gente se enrolla de pronto, un mago cuelga su boca del sol y aturde un vómito de fuego. Y allí a lo lejos en las alas rojiblancas la voz blanda de los músicos inscribe un vals.

Impressionist Festival

In the park the people crowded around, the emeralds and the dresses in violet, blue, black, white. The face so simple: a stroke and it's a smile, a cut and it's a tear. The drinks vendor rolls up ice and the food one smears a roll with garnet and gold. The hide of the ground contracts under the bodies and the dogs urinate small rivers of bronze in the trees, the girl leaks her breasts and a young man picks up the rose and his lips prick the kiss. In the square the people suddenly jabber on, a magician hangs his mouth from the sun and a vomit of flame bewilders. And there far away in the red and white wings the bland voice of the musicians inscribes a waltz.

Mural de la extremaunción

Eternamente ese hombre está tirado en la hierba del parque. Nadie sabe qué le ocurre y la policía insiste en saber si ha muerto o qué. Ya van muchos y no hay tiempo que perder. La gente va muriendo a paletadas y hay otros que necesitan tus órganos, tu aire, tu espacio. Uno más o uno menos. Te refugias donde puedes porque un día la policía puede llamar a tu puerta, abrir la pared que te separa de la luz para insistir si estás viva o si ya has pasado y legañosa, sin casi ganas, con tu voz de nieve balbucearás que nada, que no pasa nada y que tienes tanto tiempo para vivir que no hace falta preocuparse, últimamente la soledad se pone pesada. Ya pasabas de largo en tu coche cuando lo viste tirado en la hierba del parque público. Su cuerpo sangraba eternamente en su torso desnudo en su pelo trenzado. Un papiro de oro asomaba en la esquina y una trenza de hormigas hacía de la colina sendero. Lo embalsamaron de blanco y el sol se erguía a su cabeza y la sonrisa le iluminaba.

Mural of the Extreme Unction

Eternally that man is strewn on the grass in the park. No one knows what is going on with him and the police insist on knowing if he has died or what. Many are already going and there's no time to lose. The people are dying by the shovelful and there are others who need your organs, your air, your space. One more or one less. You take refuge where you can because one day the police can knock at your door, open the wall that separates you from the light to insist if you are alive or if you have passed on and bleary, almost without wanting, with your voice of snow you'll stammer out that nothing, that nothing's going on and that you have so much time to live that there's no need to worry, lately solitude becomes tedious. You already passed over in your car when you saw him strewn on the grass in the public park. His body bled eternally in his naked torso in his braided hair. A papyrus of gold stuck out in the corner and a braid of ants made the hill a path. They dammed him up in white and the sun raised his head and the smile illuminated him.

La casa de fuego

The House of Fire

Última parada en Enfield Road

Donde el bus para la muchacha y el hombre liman la voz con piedras de afilar. La sombra de nieve les hace cosquillas en los labios. Telas voluminosas ondean al paso del viento caliente, grana, azafrán, púrpura, verdemar en la ancha languidez de la tarde. Sin anunciarse pasa la escuálida sombra con su piel tan blanca, su vello tan terso. El pez de fuego funde el volar de las palabras. "No te das cuenta"— dice él con gesto risueño—"y ya ha llegado".

Last Stop on Enfield Road

Where the bus stops the young girl and the man file the voices
with whetstones. The shadow of snow tickles their lips.
Voluminous cloths undulate to the step of the hot wind, scarlet,
saffron, purple, sea-green in the wide languidness of the after-
noon. Without announcing himself the squalid shadow passes
with his skin so white, his hair so glossy. The fish of fire melts
the flight of the words. "You don't realize"-says he with cheerful
gesture- "and it has already arrived."

Venecianas

El sol persiste en dejarte aquí donde se te acabó la plata. El agua es una delgada tisana en la pared de la fuente. La luz por la persiana de madera te despierta de pronto. Duermes en el desierto. Una, dos pisadas en la frente y el sol sube sobre tu perfil y estás solo y cansado de no soñar en oro.

Venetian Blinds

The sun persists in leaving you here where your money ran out.
The water is a thin infusion in the wall of the fountain. The
light through the wooden blind awakens you suddenly. You
sleep in the desert. One, two footsteps in the face and the sun
rises over your profile and you are alone and tired of not dream-
ing in gold.

Las dos costas en un puño
Bosnia en guerra civil

The Two Coasts in One Fist
Bosnia in Civil War

El balcón del pueblo

En el espejo las dos mujeres se reflejan: una tiene el ojo penado y
la sonrisa marchita, una palma morada le corona la mejilla, tiene
los senos desnudos y sus dos pezones tocan las estrellas salidas
sobre el balcón. La otra permanece desnuda junto a ella y
curiosamente no sonríe ni canta, velos y lazos. Lánguidamente la
noche lleva collares sobre su vientre azulado.

The Town Balcony

In the mirror the two women reflect: one has the pained eye and the faded smile, a purple palm crowns her cheek, her breasts are naked her two nipples touch the stars out over the balcony. The other remains naked together with her and curiously neither smiles nor sings, veils and ties. Languidly the night wears necklaces on her blue womb.

El fútbol en guerra

Festejos y luces lesionan los talones del día impaciente. Corre a avisar a los vecinos. Corre, que mataron a mucha gente allá a lo lejos. Los rostros apresuran el corte ajustado de la noche y pesadillas desfiguran los vientres deshechos de las camas. El pueblo con sus respingados fuegos, las colinas grises parten hacia la mar en rebaños. Guerra cimienta el cementerio blanco.

Soccer in War

Celebrations and lights wound the heels of the impatient day.
Run and tell the neighbors. Run, they killed many people far
off there. The faces hasten the fitted cut of the night and night-
mares disfigure the unmade bellies of the beds. The town with
its repulsive fires, the gray hills leave for the sea in flocks. War
cements the white cemetery.

De la mano de la tierra

From the Hand of the Ground

Vals en la glorieta

Suspira un vals en la glorieta de pinos dondididondididondidi-
dondondididondidi. Y él danza con su pelo blanco y su traje
negro con la niña azul de cabello y de mirar tan oscuro. Hasta
desbordar el lienzo sobre el marco dorado, sobre el mantel, la
naranja azucarada, los mendrugos de pan, el plato vacío, y unas
migas sueltas y una hormiga sola.

Waltz in the Bower

A waltz sighs in the bower of pines dondididondididondididon-
didi. And he dances with his white hair and his black suit with
the blue little girl of hair and gaze so dark. Until stretching the
canvas beyond the golden frame, over the tablecloth, the sugary
orange, the crusts of bread, the empty plate, and some loose
crumbs and a single ant.

Sardana

De la mano en corro bailan los pinos al grillar de la gralla.
Tirantes los brazos erguidos y el tiptop de los pies se izan, se izan
hasta volar. Agujas y piñas, moras y niños se abrazan en el centro
del barro. La hora es fresca, el rumor de la balsa se adivina, el clut
de la azada, el roer de una moto. La hora es sencilla, pan, agua y
uvas verdes como el sol. Verano en redondo a la sombra. Sólo
aquellos que viven te acompañan, ellos vislumbraron lo que yo
no he visto.

Sardana

Holding hands in chorus the pines dance at the chirp of the gralla. Tightly the stiff arms and the tiptop of the feet haul up, haul up until they fly. Needles and pineapples, mulberries and children hug in the middle of clay. The hour is fresh, the murmur of the pool is surmised, the clut of the hoe, the gnaw of a motorcycle. The hour is simple, bread, water and green grapes like the sun. Summer rounded in the shade. Only those who live accompany you, they glimpse what I have not seen.

La mar en cortejo

De tu ventana, Adela, se ve la mar de luto. Las olas pequeñas lle-
van crestones negros. Vuelves tu mirada hacia dentro, tu
habitación, sus sábanas tan blancas, la luz delirando por las corti-
nas, por el espejo del vestidor, en las palomas de la cama. Azul se
alza el techo arrullado. Una estoica hora, el mediodía en punta.
La mar en cortejo lleva luto por los vivos, aquellos que voraces
beben aún la sal del día, la de antes de ser felices, la de antes de
encontrarte y mirarte a los ojos. La mar está de luto y tú no
quieres ni mirarla de pena

The Sea in Mourning

From your window, Adela, you see the sea in mourning. The small waves carry black crests. You turn your look inward, your room, its sheets so white, the light delirious through the curtains, by the dresser mirror, in the doves of the bed. Blue lifts the lulled ceiling. A stoic hour, precisely midday. The sea in courtship is in mourning for the living, those who voraciously still drink the salt of the day, that of before being happy, that of before finding you and looking at your eyes. Your eyes are so big, your smile, benevolent, your preciousness, eternal. The sea is in mourning and you don't even want to look at it from sadness.

alquimia de eva
alchemy of eve

alquimia de eva (bolero)

cuando tu eres así yo soy nadie.
puedes permitir que llueva
y también que la noche se calme.
vivir así es precioso y cansado.
vale la pena pues eres eterna
como la rubia moneda del sol
que con su peso crece playas blancas
hojas y árboles cervatos y veredas.
así haces vibrar la tormenta
o el antojo de la luna y estrellas
cuando al fin todo lo iluminas con oro
y entonces tú eres así yo soy nadie.

alchemy of eve (bolero)

when you are like this I am nobody
you can permit it to rain
and also that the night calm down.
to live like this is precious and tired.
it is worth it for you are eternal
like the blonde coin of the sun
that with his weight grows white beaches
leaves and trees fawns and lanes.
like this you make the storm rattle
or the craving of the moon and stars
when finally you illuminate everything with gold
and then you are like this and I am nobody.

arte de amar

1

a la espera de tu llegada
han azulejado todo,
todo el cielo. ahora
la casa está perfecta:
una luz de recia claridad
ha llenado el baño y se sumerge
amor en el agua,
transparentemente desnudo.

Art of love

1

in anticipation of your arrival
they have tiled everything,
the whole sky. now
the house is perfect:
a light of intense clarity
has filled the bath and submerged
love in the water,
transparently nude.

2

tu pecho, el de la derecha, es redondo
como una naranja y sin su rabito verde
el pequeño pezón es arrugado y hundido.
delicia de mis labios. besarlo, estirarlo,
morderlo suavemente y chuparlo
y jugar con mi lengua y mi nariz
hasta enderezarlo erecto y prieto
como una yema encarnada y deliciosa.
el otro, el de la izquierda, tan fruncido
y tan duro entonces se aburría.

2

your breast, the right one, is round
like an orange and without its little green tail
the little nipple is wrinkled and sunken.
delicacy of my lips. kiss it, stretch it,
bite it gently and suck it
and play with my tongue and my nose
until hardening it erect and tight
like a ruddy and delicious yolk.
the other, the left one, so contracted
and so hard was then bored.

3

pelo tu piel tan fina
del melocotón estivo
de mi piel tira a tira.
limo el cielo y el frío
que cristaliza mi aliento
y la incisión del filo.
su jugo corre por la curva
de mis dedos y límpido
y carnoso te descubro
perfil de luna, perdido
y cortado de mi cuerpo.

3

I peel your skin so fine of
summer peach from my skin
strip by strip
I file down the sky and the cold
that crystallizes my breath
and the incision of the blade.
her juice runs down the curve
of my fingers and limpid
and meaty I discover you
profile of moon, lost
and cut from my body.

la fiebre de tus besos

1
inmenso

no está mal quererse
uno no se siente tan menso
incierto o pretencioso
sino suave y selecto
sabe besar el sentido
con lo que se besa
de verdad el tacto
de lo humano la caricia
dadivosa el peso de la piel
ni se sabe ni se piensa
poco a poco se entiende
de sones y de rostros
se parte de una sonora
armonía de ojos y sabemos
que no somos mal
sino que estamos bien
queridos

the fever of your kisses

1
immense

it isn't bad to be in love
one doesn't feel so stupid
uncertain or pretentious
but rather smooth and select
one knows to kiss the sense
with which one kisses
truly the touch
of the human the caress
generous the weight of the skin
one neither knows nor thinks
little by little one understands
about sounds and about faces
it starts off from a resonant
harmony of eyes and we know
that we aren't bad
but rather we are well
loved

2

estridentes

tu amor está completamente tierno
j. l. guerra

pasas el peso de un labio sobre el labio de la pared
como no queda más que un alambre que enreda
tus dedos y tus labios como el rictus de tu sombra
sobre la piel desnuda del paredón o tu mirada
en cuclillas que pide un pan sin hambre redondo
y tierno completamente tierno y el peso tibio del labio
no pesa en tus labios y sólo lo anhelas lo anhelas
que pese que pese tan solo y pase que pase

2
stridents

your love is completely tender
j.l. guerra

you pass the weight of one lip over the lip of the wall
since not more than one wire remains that entangles
your fingers and your lips like the sneer of your shadow
over the naked skin of the wall or your look
in squats that asks for bread without hunger round
and tender completely tender and the tepid weight of the lip
doesn't weigh on your lips and you only long for it and long for
it that it weigh, just weigh and pass that it pass

3
la fiebre

un beso es un pincho
un pellizco un clavo
en mi rostro un roce
de acero una curtida
bala una vela de azul
un mástil de labios
pareces perderme todo
triturado herido
zozobro maniatado
a tus besos que se van
tus besos de despedida
y a un yahablaremos
que se escarba en la piedra
el rip de los labios
la cuna y me vale

3
the fever

a kiss is a prickle
a pinch a nail
in my face a brush
of steel a hardened
bullet a sail of blue
a mast of lips
you seem to lose me everything
mashed wounded
I capsize handcuffed
to your kisses that leave
your goodbye kisses
and to a we'lltalk
that scratches on the rock
the rip of the lips
the cradle and I don't care

4
re-conquista

si tarumba rima con cortés, no rima con moctezuma
y cuando te veo soy un puro manojo de nervios
y ni me siento el último azteca ni el primero
conquistador.
                    entonces pienso que no quiero verte
ni en pintura y ya no me consuela que te veré
luego luego y me sentiré tarumba o moctezuma o cortés:
mira cómo queda tu casa.
                         mira cómo queda tu ciudad
y tu jardín.
                    ahora todo da lo mismo,
pues ya sabes que no rimo ni contigo ni sintigo.

4
re-conquest

if tarumba rhymes with cortés, it doesn't rhyme with moctezuma
and when I see you I'm a pure bundle of nerves
and I feel like neither the last aztec nor the first
conquistador.
                    then I think that I don't want to see you
even in paintings and it doesn't console me that I will see you
later later and I'll feel tarumba or moctezuma or cortés:
look how your house is left
                        look how your city has changed
and your garden.
                now it's all the same,
since you know I don't rhyme with you or without.

vivir sin-taxis

1
sujeto

reparo en que me miras con frescura,
como nadie me ha mirado, soy objeto,
soy texto, soy moldura cincelada
en tu mirada, en tu mirada
y trapicheo palabras cortas:
soy por vez primera sujeto.

to live syn-taxis

1
subject

I realize that you look at me with freshness
like no one has looked at me, I am object
I am text, I am engraved molding
in your gaze, in your gaze
and I trade in small words:
I am for the first time subject.

2
sin-taxis

ombre de ton chien
ne me quitte pas
j. brel

flan, azúcar, pucho, vientre,
nacer, morir, ladrar la noche
entera sin dormir, pues pienso
en ti a la vez que no dejo
de decirte, de no dejar de hacerte.

pienso que me vas dejando a solas
y que se ensucia la soledad
dejándome a solas,
a solas de sed,
a solas de noche,
toda la noche aullando
los espíritus y quimeras
de turno.

2
syn-taxis

ombre de ton chien
ne me quitte pas
j. brel

flan, sugar, cigarette butt, belly
be born, die, bark all night
without sleep, well I think
of you at the same time I don't stop
telling you, to not stop making you.

I think you are leaving me alone
and that solitude gets dirty
leaving me alone,
alone in thirst,
alone at night,
all night howling
the spirits and chimeras
on duty.

3
sin fuego

life without you
lou reed

te quedaste con mi luz
y ya dejé de fumar
no aspiro sino a humo,
solo juego a sentir:
el abrazo es un roce
y tus labios, aliciente
de una luz sin ti.

3
without fire

life without you
lou reed

you kept my light
and so I quit smoking
I don't inhale but smoke,
I only play at feeling:
the hug is a brush
and your lips, attraction
of a light without you.

4
monólogo

sin voz ni voto para morir
sólo veo la televisión:
nada más que superficies
—esto… ¿qué mas decirte?,

la pantalla es una bronca de ceros
sobre el enojo de los espejos.

4
monologue

without voice or vote to die
I only watch television:
nothing more than surfaces
-that... what more can I tell you?,

the screen is a row of zeroes
over the anger of the mirrors.

5
constancia

no lo dejes ahora que luego
se te hará más duro avanzar.

no sé si sabes lo que cuesta
el tiempo ni es oro ni es nada
pero lo nuestro —eso que nunca
dejas— es hacerlo ahora.

que no se te llene la nevera
de todo lo que dejaste por hacer.

5
constancy

don't leave it now because later
it will be harder for you to advance.

I don't know if you know what it costs
time is neither gold nor anything
but ours- this that you never
leave- to do now.

don't let your refrigerator fill
with all the things you left to do.

y al decir de las cosas

1

hablamos de todo en ciclos,
hablamos de nada a poco
a poco y a cada goce, silencio:
jamás te alejes, quédate
con tu aliento a mi oído
y no salgas de ese vacío
hacinado en las esquinas
que cuelga de las cuerdas
donde secas la ropa blanca.

2

el arar de fondo
de tus dedos conjuga
caminos en mi pecho
hechos de roces,
de líquenes como yemas.
enrejados mis pezones,
caminitos de tu lengua,
de tus senos derramados,
cuñas que me hacen,
que me hieren, daño.

and at the saying of the things

1

we speak of everything in cycles,
we speak of nothing a little
by little and at each pleasure, silence:
never distance yourself, stay
with your breath at my ear
and don't depart this emptiness
piled in the corners
that hangs from the cords
where you dry the white clothing.

2

the depth plow
of your fingers combines
paths on my chest
made of scratches,
of lichen like fingertips.
my nipples behind bars,
little paths of your tongue,
of your breasts overflowing,
wedges that make me,
that wound me, hurt.

3

te asocias a no ser
y eres palabra, hilos
enrollo a mi voz, tu celo.
cálidamente cercana a mí,
a mi oído interno
con el que te escucho,
y oigo el ritmo de los grillos
ajenos a la mar de fondo.

4

no me digas esas cosas
que me cosea el hambre.
quiero que me cosquilleen
las gotas de tus yemas
y esa fina dictadura
de tus labios. ay sonríeme
con esos labios que me hacen,
con esas cosas que me dices,
que no, que no me digas, no.

3

you associate at not being
and are word, threads
I coil my voice, your jealousy.
warmly close to me,
to my inner ear
with which I listen to you
and hear the rhythm of the crickets
alien to the stormy sea.

4

don't tell me those things
my hunger is growing.
I want them to tickle me
the drops of your fingertips
and that fine dictatorship
of your lips. ay, smile at me
with those lips that make me,
with those things that you say,
no, don't tell me, no.

5

te gusta hablar
y hacer el amor
y respirar y crecer,
tiernamente los
poemas te lo dicen:
eres una raíz
de roca y de agua
por la lámina
del mar donde
se te diluye
el silencio
y te calma el rezo
de los sonidos tiernos
porque hablas,
hablas cuando dices
conjuros al oído
y frunces tus labios
y quiebras tu cintura
y te calma hacer
el amor a las palabras.

5

you like to talk
and make love
and breathe and grow,
the poems
tell you tenderly:
you are a root
of rock and of water
by the engraving
of the sea where
your silence
is diluted
and you are calmed by the prayer
of the tender sounds
because you speak,
you speak when you say
incantations in the ear
and pucker your lips
and bend your waist
and it calms you to make
love to the words.

6

dónde está tu rostro y tu sonrisa,
tu pelo enloquecido y tus hombros,
tus pechos espeluznantes y el pezón
fino y atildado y tu vello alumbrado
y dónde están el piensas y el dime
y el oye, el desborde, la cursiva
de tus besos que me besan todavía.
y que me besen, que me besen,
que me besen y que te vistan
de tantas voces como reflejos.

7

estamos extrañamente hapalabrados (con hache),
llenos de otras hapalabras y no se me hace raro
decirlo como hacerlo, pues se expresa
con los ojos o las manos: un tacto es un delirio,
la mecedora de la voz, se vence a ratos
y a sorbos de narraciones explicadas
al azar.

vivo a medio nacer sin calma
para hacer esto que es dar nombres.

6

where is your face and your smile,
your crazed hair and your shoulders,
your lurid breasts and the nipple
fine and elegant and your illuminated soft hair
and where are the you think and the tell me
and the listen, the overflow, the cursive
of your kisses that kiss me still.
and may they kiss me, may they kiss me,
may they kiss me and may they dress you
in as many voices as reflections.

7

we are strangely hagreed (with h),
full of other hagreements and to me it isn't odd
to say it or to do it, for it is expressed
with the eyes or the hands: a touch is a delirium,
the rocking chair of the voice, it breaks down in spells
and in sips of narrations explicated
by chance.

I live at half birth without calm
to do this that is to give names.

8

nacemos desnudos y boquiabiertos
y te ves huyendo de lo que has dicho
para encontrar el ritmo del amor
que se enrede con otros sonidos,
que se engrane con otras partes,
por tu sexo, y su piel tan suave
y su ritmo a desnudarme y a nacer
gritando
con los ojos y la tensión en colmo.

9

marginal y acerada está la mancha
de tinta en el rincón de este papel
y calla porque es tímida y aniñada.

las letras llenan los espacios
que deja la piel expuesta
y en su reflejo se hacen olas breves
y resuenan y receden y repiten
sus besos sonoros y precisos,
sus senos sigilosos, sus hombros,
enredados sus muslos y vociferan.

de tinta en el rincón de este papel
la mancha esquinada y cetrina.

8

we are born naked and open-mouthed
and you find yourself running from what you have said
to find the rhythm of love
that entangles with other sounds,
that interlocks with other parts,
by your sex, and her skin so smooth
and her rhythm at undressing me and at being born
screaming
with eyes closed and tension on high.

9

marginal and biting the ink stain
is in the corner of this paper
and quiet because she's timid and childish.

the letters fill the spaces
that the exposed skin leaves
and in her reflection brief ripples are made
and resound and recede and repeat
her kisses resonant and precise
her breasts discreet, her shoulders,
entangled her thighs and they shout.

of ink in the corner of this paper
the stain cornered and sallow.

extraña dialéctica

no me falta más que deshacerme de todo:
esos dientes postizos, esas lentes malpuestas,
esos labios encogidos y decirte que escombro
quedo en la vereda husmeado por los perros
que asienten cuando les pregunto
si me queda algo en las yemas de los dedos,
en las comisuras de los labios o en los pies
cansados de pisar descalzo, pues,
pues no me queda nada más que suelas.

*

al levantarte dirás qué bueno es ser libre
y saber respirar y me dejarás como te dejé yo,
con los ojos llorosos y la voz imprimida.

'dentro de poco' —sí, pero es que es tarde,
y no hace calor para andar desnudo
y poder unirme al aro de tus brazos
en un colmo de nosotros los que voceamos:

siquiera volverte a besar esos dedos desnudos,
sólo que ahora miras por la ventana
y no me ves cómo me dejaste y yo a ti.

*

¿a qué huele la calle de noche?
a solas a solas a luz a salitre
y a esa persistente marea nave
a la derrota a nado también a veces
como si se presentara al instante
y fueras la sombra que huelo a penas.

strange dialectic

I need no more than to rid myself of everything:
those false teeth, those crooked glasses,
those shrunken lips and tell you that I
wind up a dump on the sidewalk sniffed out by the dogs
who agree when I ask them
if there's anything left on the tips of my fingers,
on the corners of my mouth or on my feet
tired from stepping barefoot, well,
well I have nothing left but soles.

*

upon arising you will say how good it is to be free
and know how to breathe and you'll leave me like I left you,
with teary eyes and imprinted voice.

'in a little' -yes, but it is late,
and it's not warm enough for walking around naked
and being able to join myself to the ring of your arms
on a summit of we who shout:

to at least kiss again those naked fingers,
only you are looking out the window now
and you don't see how you left me and I you.

*

What does the street smell of at night?
of alone alone of light of saltpeter
and of that persistent tide ship
of the defeat of swimming too sometimes
as if she appeared instantly
and you were the shadow I barely smell.

*

achacoso como la noche, me entran
ataques de tos y toso para no pensar
en nada de nada y me hace daño
la peste de mi nombre y su tosca
saliva malquerida como nadie.

no me deja el gesto dormir.
echo toses por el papel,
echo rostros y el tuyo cae redondo
como una moneda de lado y de cara.
¿quién dice en tu acento
las preguntas nunca hechas,
las repuestas nunca dadas?

*

he vuelto a fumar neciamente —perdona,
pero me olvidé que me dijiste
que era malo y que el tiempo te echaba
manchitas en el pecho o los nudillos
con que te llamaba a los ojos:
mírame y sonríe pronto que no dejo de fumar.

puede que sea verdad que me asalten los años
y el miedo ahora que te fuiste y ya no me miras
de reojo ni me tocas la moral
ni compro cigarrillos y esa tos es tan ajena
porque ya no fumo ahora sino olvido.

*

sickly as the night, I get
coughing fits and I cough to not think
of nothing about nothing and I am hurt by
the plague of my name and its coarse
saliva disliked like no one.

the gesture will not let me sleep.
I throw coughs on the paper
I throw faces and yours falls round
like a coin sideways and facing front
Who is it that says in your accent
the questions never asked,
the responses never given?

*

I have stupidly gone back to smoking -forgive me,
but I forgot that you told me
that it was bad and that time cast
stains on your chest or your knuckles
with which I called to your eyes:
look at me and smile quick that I am not quitting smoking.

it might be true that the years assault me
and the fear now that you left and you don't look at me
out of the corner of your eye you don't even touch my morale
I don't even buy cigarettes and that cough is so alien
because I don't smoke anymore but rather I forget.

cuando la amada se convierte en río

no se ve nada
tanto fuera
como dentro.
lengua lacia,
tan ligera
como el roce
de la muerte,
tan pesada
como el rito
de la roca
y del agua:
fluir siempre
sin ver nada
tanto dentro
como fuera.

when the beloved converts into river

nothing can be seen
as much without
as within.
withered tongue,
as light
as the brush
of death,
as heavy
as the rite
of the rock
and the water:
to always flow
without seeing anything
as much within
as without

el muy pez

tú estás al lado mío
y yo me tiro inmóvil como un muerto
un muerto muy muy frío.
entre este cielo abrazador y abierto
y las siete muertes y con los secos
ojos la despedida
se hinca en el paladar de repetida
una una y otra vez.
y me estiro a tu lado y yo muy puerto
de angustia y de silencio
colgado del anzuelo coleteo pez.

the very fish

you are beside me
and I throw myself immobile as a dead man
a very very cold dead man.
between this embracing and open sky
and the seven deaths and with the dry
eyes the farewell
sinks into the palate repeatedly
once once and again.
and I stretch at your side and I the very port
of anguish and silence
hung from the hook a wriggling fish.

Flor de harina

La última vez que vi a María, la que siempre me encontraba
cuando iba a comprar el pan a la panadería que está al lado de la
casa de mi abuela, y le regalé aquel reloj de manecillas diminutas
con destellos de cristal que parecían estrellas, pero que no
destellaban, sino cuando lo ocultabas en la sombra más cenegosa
de su casa donde la oscuridad no parecía una completa
hoquedad, unas hojas de tulipán enroscadas hacia lo hondo, una
cueva enclaustrada por lo cósmico de lo oscuro, mientras andaba
nerviosamente por el pasillo alargado de la panadería cuando la
encontraba al ir a comprar el pan que tenía la misma textura y
color que la piel de sus hombros tan pecosos y se cerrraba en su
pelo rizado y la mirada enigmática de unos ojos que no eran
violetas como los de un cuadro que adornaba la portada de
aquella edición tan releída de Valle-Inclán Flor... ¿de qué? —
siempre me olvido—, pero que sí tenían esa inocencia y esa
locura que la entregaba a un desvarío enfermizo cuando se le
escapaba de los dedos la firmeza de lo presente, lo presagiado o
lo temido, momentos llenos de imprecisión y sobresalto, con la
cara contrariada y el gesto como marchito, con la frente fruncida
y el cuerpo esbelto erizándose como las espitas agrias del poeta,
aunque ella nunca me miró con los ojos de plata, ni su sonrisa se
dejó de desdibujar cuando le daba el regalo insospechado y que
recibió con un gesto fino de sorpresa, como si no me hubiera
visto nunca allí, esperando a que la cola del pan se acabara y la
panadera rolliza que nos dejaba ver una línea honda entre el
apretado escote de su bata blanca, nos sirviera con el gesto
burlón del que se ha dado cuenta de lo que pasaba, porque ella ya
sabía mi situación, mi ansiedad, mi desespero, todo imaginación
o vanidad, fue el momento en que me acerqué anhelante y le
toqué la mano y María sonrió sin inquirir más, sin pensar nada
más que una sonrisa y qué lindo y que se iba.

Flour of flour

The last time I saw Maria, the one that I always encountered
when I went to buy bread at the bakery next to my grandmother's
house, and I gave her that watch with the tiny hands with flecks of
crystal that seemed like stars, but that didn't sparkle, but rather
when you hid it in the most murky shadow in her house where
the darkness didn't seem like a complete hollow, some tulip leaves
twisted toward the deep, a cave cloistered by the cosmic of the
darkness, while I walked nervously in the long hallway of the bak-
ery when I encountered her upon going to buy bread that had
the same texture and color as the skin on her shoulders so freckled
and closed in her curly hair and the enigmatic look of eyes that
weren't violet like those of a painting that adorned the cover of
that so re-read edition of Valle-Inclán Flower...of what? -I always
forget-, but they did have that innocence and that madness that
delivered her into a sickly delirium when the firmness of the pre-
sent escaped from her fingers, the foretold or the feared, moments
filled with imprecision and surprise, with the vexed face and the
expression like withered and the furrowed brow and the svelte
body bristling like the poet's espitas agrias, although she never
looked at me with eyes of silver, nor did her smile leave off blur-
ring when I gave her the unsuspected gift that she received with a
fine gesture of surprise, as if she had never seen me there, waiting
for the line for bread to finish and the buxom breadmaker
who let us see a deep line within the tight neckline of her white
coat, who would serve us with the teasing gesture of one who has
realized what was going on, because she already knew my situa-
tion, my anxiety, my despair, all my imagination or vanity, it was
the moment in which I drew near eager and I touched her hand
and Maria smiled without inquiring more, without thinking more
than a smile and how lovely and that she was going.

la lluvia de oro

> *salga del limpio enamorado pecho*
> *la sonora voz y en suave acento*
> *cante de amor las altas maravillas.*
> tirsi en *la galatea* de cervantes

acentúo lo querido,
un tesoro de vocales
que bañan las parteras
de la voz en sus gargantas.

la casa está tan llena
de palabras que quiero
darles a nueva luz
cada vez que siento
sus golpecitos tan preciosos
en mi vientre.

voy a salir
rompiendo gritos y aguas
a ese cielo azul que mece
siempre plenitud en sus alas
y un fulgor de espasmos
y cuerdas valiosas por el amor.

todo es de un verde
pasmoso y feliz.
no dejo de perderme

the rain of gold

salga del limpio enamorado pecho
a sonora voz y en suave acento
cante de amor las altas maravillas.
tirsi en *la galatea* de cervantes

I accentuate the loved
a treasure of vowels
that bathe the midwives
of the voice in their throats.

the house is so full
of words that I want to
give birth to them anew
each time I feel
their precious little kicks
in my womb.

I will go out
breaking scream and water
to that blue sky who rocks
always in his wings plentitude
and a glow of spasms
and chords valuable for love.

everything is of a marvelous
and joyous green.
I don't stop losing myself

en baile trance de verdes
volantes y bellos
como el calor que se enreda
en labios de volar
y de vuelo tomo
tus brazos con bellos puertos
de amplios torsos
y sonidos buenos y familiares.

in trance dance of greens
flying and beautiful
like the heat that entwines
in lips of flying
and of flight I take
your arms with beautiful ports
of ample torsos
and good and familiar sounds.

esfinge

vengo a un mundo de tinieblas
de donde nace mi otra que no existe,
más que en pensar en lo más obvio
el hombre nace en mí para perderse.

no importa qué ni quién puede o no puede
pero todo es igual y todo pasa
de largo aquí y nadie habla cuando
el metro para en una estación u otra.

todas son iguales al fin y al cabo.
no importa qué ni quién pueda ser,
no importa a nadie sea lo que sea.

voy vengo de donde te quedas a pensar
en mí y más que nada no pienso.
la nada sea este morir a gusto.

sphinx

I come to a world of shadows
from where my other who doesn't exist is born,
more than in thinking of the most obvious
the man is born in me to lose himself.

it doesn't matter what or who can or can't
but everything is equal and everything passes
over here and nobody speaks when
the metro stops in one station or another.

they're all the same when all is said and done.
it doesn't matter what or who it may be,
it doesn't matter to anyone whatever it may be.

I come go from where you stay to think
of me and more than anything I don't think.
that nothingness be this comfortable dying.

el sexo del pavo real

sex is something enjoyable
m. leiden

te levantas con tu hábito ciudadano
pero te olvidas que la ciudad te escrece
en desorden. te olvidas de nacer otro
y ya es tarde y has crecido.
surges por la puerta del metro
anuncios y pésames
y giras giras en la curvas en manos
del disco rodante de zarandeos
cóncavos de túneles agresivos
y te anuncias agarrado todavía
de un pasamanos y de pie.

sientes el calambre en las plantas
sientes un respirar nuevo
un balbuceo sin aire un tremor
que riza el vello y te avienes
a pasar serenamente el mal trago.

te olvidaste de lo redondo de un barco
—redondo como sus muslos
redondo como sus hombros
sus mejillas su pelo redondo hiladamente.
ella navega y tú te olvidabas de que flota mejor
de que contiene bodegas de salada fragancia
de que te irrita hasta el delirio besarle los labios
y respirar acompasadamente.

the sex of the peacocks

sex is something enjoyable
m. leiden

you get up with your city habit
but you forget that the city ingrows you
in disorder. you forget to be born another
and it's already late and you've grown.
you emerge from the door of the metro
advertisements and condolences
and you turn turn in the turnstile
of the rolling record of concave
shoving of aggressive tunnels
and you announce yourself still clinging
to a handrail and standing.

you feel the cramp in your soles
you feel a new breath
a stammering without air a tremor
that curls your hair and you reconcile
upon passing serenely the rough time.

you forgot the roundness of a ship
-round like her thighs
round like her shoulders
her cheeks her hair spun round.
she sails and you were forgetting that she floats better
that she contains cellars of salty fragrance
that it irritates you to delirium to kiss her lips
and breath rhythmically.

dios, dios de la creación, ángel con ojos en tus alas,
vuelas a través del espacio con calambres
de plumas de pupilas violetas.
vuelas hasta sentir la arena que pisas en este momento
cuando te posas sobre la playa
y gaviotas te pican las puertas cerradas de los ojos.

god, god of the creation, angel with eyes in your wings,
you fly through space with cramps
of feathers of violet pupils.
you fly until feeling the sand on which you walk at this moment
when you land on the beach
and seagulls peck the closed doors of your eyes.

oficio de poeta
fábula de narciso y eco

narciso se mira en el río
que pasa, que no es el mismo
río que mira y que miraba,
sino que pasa y que dice
errequerre.

es un río de rabias, un río de tierra,
es un río que rueda por voces,
por veredas, por paredones,
por poemas, que rueda y rueda
errequerre.

narciso mira a eco
mirándose y contenta ella
lo mira y se fija que nadie
la vea desnuda y rueda
errequerre.

urge narciso y el río rueda,
dónde te dejó la muerte,
dónde te llevó la vida,
qué es de tu pasar y tu futuro
errequerre.

siempre igual y dejas siempre
ese olor a sed en los labios
y esa muda calma y ese gesto
y esa risa que rema y rabia
errequerre.

the profession of poet
fable of narcissus and echo

narcissus looks at himself in the river
that passes, which isn't the same
river that he looks at and looked at
but rather that passes and says
over and over.

it is a river of rages, a river of dirt,
it is a river that runs by voices,
by paths, by rock walls,
by poems, that runs and runs
over and over.

narcissus looks at echo
looking at herself and content she
looks at him and pays attention that no one
should see her naked and runs
over and over.

narcissus urges and the river runs,
where death left you,
where life took you,
what of your passing and your future
over and over.

always equal and you always leave
that smell of thirst on the lips
and that mute calm and that gesture
and that laughter that rows and rages
over and over.

narciso mira y eco arrulla
el agua y suena la roca
que rueda a hueco y a silencio,
hereje de palabras y espejo,
errequerre.

narcissus looks and echo lulls
the water and the rock
that runs hollow and silent,
disrespectful of words and mirrors,
over and over.

Black Swan Press is a nonprofit literary press
dedicated to publishing the works of exceptional
writers of poetry, fiction, and nonfiction.

El Cisne Negro Ediciones is the imprint
of the Press for original works in Spanish
published in bilingual editions.

Las hormigas de oro
Ants of Gold

Designed by Edward Hughes

Typeset in Bembo and Kabel

Printed on Writers Offset Natural